Lázaro Droznes

LAS ZONAS GRISES
EL MUNDO VS. EICHMANN

En esta recreación libre del juicio a Eichmann se pasa revista a los temas que aparecen y seguirán apareciendo mientras exista la Humanidad: la naturaleza del nacionalsocialismo, la banalidad del mal ejercida desde el escritorio de un burócrata que mata sólo manipulando papeles y horarios de trenes, los límites de la obediencia debida, la pasividad del pueblo judío, la complicidad de la clase dirigente de las comunidades judías, la indiferencia de los Aliados y de la Iglesia ante la matanza y la herencia recibida que posibilitó luego la fundación el Estado Judío.

Published by UNITEXTO

LAS ZONAS GRISES

Un hombre, ADOLF EICHMANN, está sentado en un cubo de cristal con un pequeño escritorio donde apoya papeles y carpetas. Aparenta tener alrededor de 50 años, cara delgada y angulosa, usa anteojos gruesos y presenta una pronunciada calvicie, Tiene un par de auriculares sobre las orejas unidos por una banda adherida a la cabeza.

Hay una pantalla de fondo en la que se proyectan imágenes.

En la sala hay varios parlantes por los que se escuchan las voces de los interlocutores. Cada voz sale por un parlante diferente. Al escucharse cada voz aparece en pantalla la foto, el nombre y el cargo o función que ocupa dentro de la historia, EICHMANN gira su cara y su cuerpo para contestar hacia el parlante de donde proviene la voz.

Asimismo aparece sobre la pantalla diversos contadores que empiezan todos desde cero pero que avanzan a ritmo diferente. Estos contadores seguirán cambiando sus números a lo largo de todo el espectáculo.

GIDEON HAUSNER (Fiscal)
Está Usted acusado de crímenes contra la Humanidad, no sólo de haber matado seis millones de judíos sino de haber accionado contra todo el género humano. ¿Cómo se declara?

EICHMANN
Me declaro inocente en el sentido que se formula en la acusación. Sólo soy culpable ante Dios. Mi acción no es un crimen para la ley de los hombres. Sólo debo rendir cuentas al Supremo

GIDEON HAUSNER (Fiscal)

¿Seis millones de víctimas levantan su dedo acusador a través mío y Usted considera que este Holocausto no es un crimen?

ELI WIESEL (alemán, sobreviviente, escritor, Premio Nobel de la Paz)
No debe ser llamado Holocausto, fue un error de mi parte. El exterminio no fue un sacrificio sino todo lo contrario. Fue una muerte sin sentido y sin significado. Propongo que en este juicio se llame "shoá", que significa destrucción.

EICHMANN *(asiente)*
La Shoá fue uno de los mayores crímenes de la humanidad, pero yo no fui responsable. Toda la humanidad lo es. Todos tenemos un Adolf Eichmann dentro nuestro esperando las circunstancias adecuadas para aflorar. Yo no soy un monstruo.

GIDEON HAUSNER (Fiscal)
¿Niega su responsabilidad en el hecho?

EICHMANN
Mi responsabilidad es política y moral y no puede ser convertida en responsabilidad penal. Estoy acá para pagar culpas, pero no las mías sino las de otros.

GIDEON HAUSNER (Fiscal)
¿Usted pretende que su responsabilidad moral no tenga consecuencias jurídicas porque han sido realizadas dentro de un orden jurídico criminal y amparado por un estado criminal?

EICHMANN
Todos en Alemania hacen lo mismo, hoy en día. Aceptan la responsabilidad moral de actos en los que no participaron.

GIDEON HAUSNER (Fiscal)

En Alemania se arrepienten los inocentes, los que asumen la responsabilidad de sus padres. Los culpables se callan.

KARL JASPERS (Alemán, siquiatra, filósofo)
Es fácil tener culpa por algo que uno no hizo. Lo duro es asumir la culpa y arrepentirse genuinamente

EICHMANN
Asumen la responsabilidad de sus padres, pero sin las consecuencias jurídicas.

GIDEON HAUSNER (Fiscal)
Hay una diferencia. Usted participó y fue una parte esencial del exterminio.

EICHMANN
Es cierto. Pero mis acciones no eran delito en Alemania en esa época bajo las leyes alemanas.

GIDEON HAUSNER (Fiscal)
Son crímenes cometidos en nombre de la ley. ¿Quién fue entonces responsable?

EICHMANN
Los que hicieron las leyes y dieron las órdenes. Obedecer era mi única preocupación. Nunca en mi vida hablé con Hitler. Ni personalmente ni por teléfono ¿Qué influencia podía yo tener en las decisiones?

GIDEON HAUSNER (Fiscal)
Es el pensamiento del burócrata. Siempre hay un expediente que protege. Un telegrama que cubre, Una carátula salvadora. La culpa es siempre de los otros.

EICHMANN

Fui un engranaje de una máquina. Mis jefes abusaron de mi obediencia. Y no están para asumir sus responsabilidades.

GIDEON HAUSNER (Fiscal)
Ser un engranaje no le impide tener una conciencia.

EICHMANN
Todos esos actos eran delitos legales en Alemania. ¿Cómo me pueden pedir que distinga bien del mal? Hubiera sido una actitud muy arrogante. ¿Qué puedo saber yo, un Obersturmführer de la SS? Yo hacía lo que hacían todos. Cumplir órdenes.

GIDEON HAUSNER (Fiscal)
¿Y su capacidad de juzgar lo que está bien o está mal?

EICHMANN
¿Quién puede valerse de su juicio cuando todos alrededor de uno, en forma unánime, piensan lo mismo? Todos los alemanes deberían sentarse en esta silla.

DR. SERVATIUS (Abogado defensor)
Mi cliente será juzgado en esa silla con una ley retroactiva y en una corte de los vencedores que no tiene competencia para juzgar. ¿Que clase de justicia puede salir de acá? Esta corte es un acto político.

GIDEON HAUSNER (Fiscal)
Un nuevo delito requiere una nueva ley. La ley debe ser retroactiva ya que ningún legislador podía prever hechos tan monstruosos. Nadie pudo imaginar lo que es inimaginable

EICHMANN
Los actos del estado que el estado comete para asegurar su supervivencia son actos "gericht frei", libres de derecho y

ningún Estado puede ser juzgado por otro Estado. Y menos aún por uno que no existía en el momento de los hechos.

GIDEON HAUSNER (Fiscal)
En el estado nazi el delito era la norma, no es ni fue un par de los Estados en los que el crimen es una excepción.

EICHMANN
Aún así ningún judío puede juzgar estos actos. No pueden ser juez y parte

GIDEON HAUSNER (Fiscal)
Lo sucedido en los campos supera el concepto jurídico del crimen, tal como se consideraba hasta entonces. Fuera de las reglas del derecho penal y del derecho carcelario. Además no representamos a los judíos. Representamos a la humanidad.

EICHMANN
Yo sólo veo jueces judíos en esta corte,

KARL JASPERS (Alemán, siquiatra, filósofo)
Los delitos cometidos contra los judíos son un delito contra el género humano, y en consecuencia sólo un tribunal que represente al género humano puede dicta sentencia.

BEN GURION (Polaco, primer ministro de Israel)
Esta posición es antisemitismo en los gentiles o complejo de inferioridad en los judíos. Mentalidad de ghetto que debemos abandonar.

KARL JASPERS (Alemán, siquiatra, filósofo)
El juicio por un tribunal judío es un error porque permitirá que los alemanes expíen su culpa.

EICHMANN

Si pudiera colgarme a mí mismo en una plaza pública para
aliviar la carga de nuestras futuras generaciones, lo haría.

GIDEON HAUSNER (Fiscal)
¿Usted vino con ese propósito?

EICHMANN
Me enteré del sentimiento de culpa de las nuevas generaciones
por lo que hicieron sus padres. No podía seguir escondido si mi
confesión podía aliviar su culpa. Creo que lo conseguiré.

BEN GURION (Polaco, primer ministro de Israel)
Que el mundo sepa que no entregaremos a nuestro prisionero

HAUSNER
Sólo un tribunal judío podrá hacer justicia a los judíos.

MOSHÉ LANDAU (Presidente del tribunal)
Así como los jueces polacos y checos juzgaron a los que
cometieron delitos contra sus compatriotas, nosotros los judíos
podemos juzgar a Eichman. Si los vencidos no se juzgan a sí
mismos, serán juzgados por los vencedores.

NAHUM GOLDMAN (Presidente del Congreso Judío Mundial)
El tribunal internacional debería estar formado por jueces de
todos los países que sufrieron persecuciones bajo los nazis.

BEN GURION (Polaco, primer ministro de Israel)
Por primera vez los judíos podemos aplicar nuestra ley en
nuestra propia tierra
sin ampararse en los derechos humanos, que es lo que hacen
aquellos que son débiles. Es ésta la expresión revolucionaria
transformación de la posición política del pueblo judío. La Shoá
no se repetirá.

EICHMANN
Este cambio fue posible gracias a los Nazis. Sin nosotros hubieran seguido con la mentalidad de guetto buscando victimarios para poder convertirse en víctimas y morir mansamente como corderos.

MOSHÉ LANDAU (Presidente del tribunal)
Esta corte se declara competente para juzgar al acusado Adolf Eichmann

EICHMANN
Esta corte me considera culpable antes ser juzgado. Tengo el derecho de ser considerado inocente a menos que se demuestre lo contrario.

JUEZ MOSHÉ LANDAU (PRESIDENTE DEL TRIBUNAL)
Usted tiene todas las garantías de un debido proceso.

EICHMANN
No me hubieran raptado violando todas las leyes nacionales e internacionales en caso de haber existido la más mínima posibilidad de ser absuelto

BEN GURION (Polaco, primer ministro de Israel)
Fue un acto soberano de nuestro Estado.

EICHMANN
Igual que los actos de Tercer Reich ¿Que pasaría si el gobierno de Nigeria manda agentes para secuestrar a los dirigentes del Klu Klux Clan en los Estados Unidos y los lleva a Nigeria para juzgarlos por delitos contra la raza negra? ¿Que pasaría con el estado de Nigeria?

HITLER (Fuhrer del III Reich)
La ley pertenece al más fuerte

Eichmann al escuchar la voz se sienta erguido en actitud militar y levanta el brazo con el saludo nazi.

EICHMANN
Sig Heil!!!

DR. DR. SERVATIUS (Abogado defensor)
Además los testigos no pueden venir a declarar porque quedarían detenidos. No se les da inmunidad. ¿Qué clase de juicio es éste?

GIDEON HAUSNER (Fiscal)
Los testigos que Usted convoca deben ser juzgados por sus crímenes. No pueden quedar impunes. No le podemos dar inmunidad.

EICHMANN
Podrían haber pedido mi extradición a la Argentina

GIDEON HAUSNER (Fiscal)
Argentina nunca concedió extradiciones a los criminales nazis. Todo lo contrario, los abrigó. Además una ley argentina declaraba prescriptos los crímenes de guerra a partir de 1960

DR. DR. SERVATIUS (abogado defensor)
Alemania podría haber pedido la extradición a Israel.

EICHMANN
Soy alemán y tengo derecho a ser juzgado en Alemania

MOSHÉ LANDAU (Presidente del tribunal)
Alemania no ha hecho ningún pedido a Israel. Además no hay un tratado de extradición vigente.

EICHMANN
Reconozco el Sprechen Amt, es simplemente más lenguaje burocrático. ...Alemania no quiere escuchar lo que tengo para decir.

DR. SERVATIUS (Abogado defensor)
Y lo que tienen para decir nuestros testigos que acá no podrán declarar..

EICHMANN
En Alemania no hay pena de muerte. Yo soy ciudadano alemán, juzgado por jueces de un Estado que no existía en el momento de mis supuestos crímenes, como así tampoco las leyes bajo las cuales soy juzgado. ¿Qué clase de justicia es ésta? Es la justicia del vencedor.

GIDEON HAUSNER (Fiscal)
Vayamos a los hechos, Herr Eichmann ¿Participó entonces en el proceso de la Endlosung, la solución final, frase que ocultaba su verdadero significado que era la exterminación física de los judíos?

EICHMANN
Activa, conscientemente y voluntariamente, con pleno conocimiento de la naturaleza de mis actos. Pero lo hice porque eran órdenes del Fuhrer

GIDEON HAUSNER (Fiscal)
¿Qué hizo Usted con su conciencia?

EICHMANN
La conciencia individual estaba prohibida en Alemania nazi.

HITLER (Fuhrer del III Reich)

La conciencia es una idea nefasta de los judíos. Tendría que haber desaparecido junto con ellos.

EICHMANN
Ahora existe el "objetor de conciencia" En nuestra época era simplemente traición. Hice mi trabajo, cumplí con mi deber y evité los sufrimientos innecesarios.

GIDEON HAUSNER (Fiscal)
La voz de la conciencia de todo hombre dice "No matarás" ¿Cómo hizo Usted para desoír esa voz?

EICHMANN
En Alemania nazi no teníamos derecho a una conciencia. Todos teníamos la conciencia del Furher. El "Fuhrerprinzip".
Obediencia total. Para comportarse normalmente había que ser anormal, excepcional. Los que se comportaron normalmente lo pagaron con su vida.

GIDEON HAUSNER (Fiscal)
En política, apoyo y obediencia son lo mismo. Y sin conciencia dejó de ser humano

EICHMANN
Mi honor era mi lealtad. No cumplir mi juramento de lealtad al Fuhrer, hubiera sido un mayor cargo de conciencia. Entre dos males, elegí el menor.

GIDEON HAUSNER (Fiscal)
Usted decidió dar ese juramento. Nadie lo obligó. Es su responsabilidad.

EICHMANN

Todos en Alemania habíamos jurado obedecer a nuestro Fuhrer. Él era nuestra conciencia. La palabra del Fuhrer tenía fuerza de ley. "Die Führer Woerter haben Gesetzeskraft"

GIDEON HAUSNER (Fiscal)
Siempre hay una posibilidad de decir no, de conservar la dignidad,

EICHMANN
Mi dignidad era mi lealtad al Fuhrer.

GIDEON HAUSNER (Fiscal)
¿Cómo estuvo Usted involucrado en la Endlosung?

EICHMANN
Mi trabajo era el transporte. Con esas acciones obtuve medallas y ascensos. Con esos mismos actos ahora quieren demostrar que soy un criminal

GIDEON HAUSNER (Fiscal)
Quien entrega la víctima es tan responsable como el que la mata.

EICHMANN
¿Qué hay que confesar? Nunca maté un judío. Ni di órdenes de matar. No tuve que hacerlo. Ese no era mi trabajo. Había otros que lo hacían. Pero si me lo hubieran ordenado, hubiera matado a mi propio padre.

GIDEON HAUSNER (Fiscal)
Si Usted no lo hubiese transportado no hubiesen sido exterminados.

EICHMANN
Si no lo hacía yo, lo hubiera hecho otro. Yo era un despachador de trenes, Estaban los jefes de estación, los guardas, los

conductores de las locomotoras. los señaleros, el Director de la Deutsche Bahn y hasta los fabricantes de los trenes. Todos éramos culpables en ese sentido. No veo a ninguno de ellos sentado acá. Había muchos contratistas de la solución final. Fabricantes de hornos, de gas, de alambre de púa, la lista es infinita.

GIDEON HAUSNER (Fiscal)
El pueblo siguió a Hitler o Hitler siguió al pueblo. En ambos casos todo el pueblo alemán es culpable. ¿Hay algún alemán que sea inocente?

EICHMANN
Todo el pueblo alemán es responsable, pero no es culpable. No eran crímenes de acuerdo a la ley vigente en ese momento. No pueden ser juzgados por la ley del hombre, sólo por la de Dios.

GIDEON HAUSNER (Fiscal))
¿Es Usted antisemita?

EICHMANN
Absolutamente no. No lo soy y nunca lo fui. Todo lo contrario, siempre fui un admirador de los judíos. De haber sido judío hubiese sido sionista. Siempre fui un hombre con grandes ideales. Leí "El estado judío" de Teodoro Herzl y me causó una profunda impresión.

MOSHE LANDAU (Presidente del Tribunal)
Usted mató a seis millones y no se considera antisemita...

EICHMANN
No los maté. Los transporté.

GIDEON HAUSNER (Fiscal)

Rudolf Hoss, comandante de Auschwitz declara en su libro que Usted tenía amplios poderes para aplicar la Endlosung. Múltiples documentos confirman que Usted era mucho más que un simple despachador de trenes.

EICHMANN

Son intentos de evadir su propia responsabilidad. No deben ser tomadas seriamente. Son actos teatrales

GIDEON HAUSNER (Fiscal)

Pero los documentos son ....

EICHMANN

Así eran las cosas en el Tercer Reich. Todos en Alemania nazi querían ocuparse de la Endlsoung. Todos querían exterminar judíos. Como el Fuhrer lo consideraba muy importante todos trataban de acercarse a él de esta manera.

GIDEON HAUSNER (Fiscal)

¿El que mataba más judíos, más cerca de Hitler podía estar?

EICHMANN

Jawohl. Así era. Cuando terminó la guerra todos hicieron exactamente lo contrario. Echarle la culpa a los muertos o los ausentes para diluir sus responsabilidades

GIDEON HAUSNER (Fiscal)

¿A pesar de todo lo que ha hecho Usted no se considera antisemita?.

EICHMANN

Nunca consideré a los judíos enemigos sino adversarios. Pensaba por ese entonces que la Judenfrage, que la cuestión judía podía tener una solución política, no física. En la primera etapa trabajé con los sionistas enviando judíos alemanes a

Palestina. Quizás sean Ustedes algunos de aquellos que yo ayudé a emigrar. O sus hijos.

GIDEON HAUSNER (Fiscal)
¿Cuál es el motivo que llevó al exterminio físico de los judíos?

EICHMANN
El conflicto era político pues los judíos nos estaban asfixiando. Habían penetrado en todos los ámbitos de la sociedad alemana,

GIDEON HAUSNER (Fiscal)
¿Asfixiando? ¿Puede aclarar?

EICHMANN
Con su cultura, su ciencia, su arte, se habían adueñado de Alemania, No es una raza inferior como los eslavos o los gitanos. Es otro pueblo elegido, como nosotros. Y no pueden haber dos pueblos elegidos en un mismo territorio. La solución era una tierra propia. Ei pensamiento nazi es igual al de los sionistas. Blut und boden. Sangre y tierra van juntos.

GIDEON HAUSNER (Fiscal)
Los judíos no representaban ninguna amenaza para el Estado

EICHMANN
Los alemanes no pensábamos así. Los judíos se estaban apoderando de nuestra sociedad. Alemania debía ser para los alemanes. Hicimos lo que debía hacerse y lo hecho será una carga muy pesada para el pueblo alemán por muchas generaciones.

HIMMLER (Comandante en Jefe (Reichsführer) de las SS y de la GESTAPO)

Fué una gran misión que se realiza una vez en dos mil años.
Estas son las batallas que las futuras generaciones no deberán
librar. Debimos ser sobrehumanamente inhumanos

EICHMANN
Soy una persona normal que se comporta normalmente.
Cualquiera de Ustedes en mi lugar hubiera hecho lo mismo

GIDEON HAUSNER (Fiscal)
Sólo Usted puede estar en su lugar

EICHMANN
Mis acciones no son peores que haber tirado las bombas en
Hiroshima y Nagasaki. Cientos de miles de evacuados,
exterminados y cremados en un solo instante. ¿Eso no es un
crimen contra la humanidad? Lo es. Simplemente fue cometido
por la parte vencedora.

HARRY S. TRUMAN (Presidente de los EE.UU)
Las bombas sirvieron para salvar los cientos de miles de
muertos que hubiera significado una invasión terrestre.

EICHMANN
Para la primera bomba podría ser. ¿Pero la segunda? La segunda
bomba de Nagasaki era de plutonio, no era de uranio como la de
Hiroshima. Fue detonada con fines experimentales.

HARRY S. TRUMAN (Presidente de los EE.UU.)
No es así. La segunda bomba la tiramos porque los japoneses no
se querían rendir luego de Hiroshima.

EICHMANN
Si nosotros hubiésemos tenido la bomba yo no estaría sentado
en este lugar

HITLER (Fuhrer del III Reich)
No importa la verdad, sólo la victoria.

EICHMANN
Dos millones de alemanas fueron violadas durante la ocupación rusa de Alemania. La violación de las mujeres alemanas fue una política de estado de la URRS. Nunca fueron juzgados.

STALIN (Secretario General del Comité Central del Partido Comunista de la Unión Soviética)
Fue una pequeña devolución para vengar las atrocidades de los nazis.

EICHMANN
Miles de mujeres se suicidaron. Cientos de miles de hijos nacieron con la sangre eslava en sus venas,

STALIN (Secretario General del Comité Central del Partido Comunista de la Unión Soviética)

Fue un error. Nosotros mismos reemplazamos las vidas de los alemanes que murieron en la guerra. Nuestra venganza sólo sirvió para reponer la sangre alemana derramada.

EICHMANN
Pero nosotros fuimos juzgados por nuestras acciones, Ustedes no. Y los dos millones de prisioneros en el GULAG? ¿Quién fue juzgado en ese caso?

STALIN (Secretario General del Comité Central del Partido Comunista de la Unión Soviética)

Son actos soberanos del Estado soviético.

GIDEON HAUSNER (Fiscal)

Ganar o perder la guerra no cambia la naturaleza de sus actos.

EICHMANN
Cambian sus consecuencias jurídicas. Recordemos la matanza de un millón y medio de armenios a partir del 24 de abril de 1915. Los jóvenes turcos que tomaron la decisión no fueron nunca llevados a juicio.

ORHAN PAMUK (Turco, escritor, Premio Nóbel de Literatura)
Más aun, hoy en Turquía hablar del genocidio armenio está prohibido y es un delito con pena de cárcel.

EICHMANN
Y en Alemania es delito negar el genocidio judío. Esa es la diferencia entre ganar y perder. El vencedor nunca comete delitos para obtener la victoria.

HITLER (Fuhrer del III Reich)
Nadie le pregunta la vencedor si dice la verdad.

EICHMANN
En Katyn los rusos mataron 15.000 oficiales del ejército polaco. Nunca fueron juzgados

STALIN (Secretario General del Comité Central del Partido Comunista de la Unión Soviética)
Esos asesinatos fueron cometidos por los nazis, no por nosotros.

EICHMANN
Fueron los rusos. Siempre quieren cambiar la historia. Cambian el pasado para justificar el presente.

DR. SERVATIUS (abogado defensor)
Los vencedores escriben la historia. Por eso el conocimiento histórico es imposible

PRIMO LEVY (Sobreviviente, químico, escritor)
El vencedor es el dueño de la verdad

GIDEON HAUSNER (Fiscal)
Una victoria de los nazis no hubiera cambiado la naturaleza del delito porque todos los alemanes fueron culpables, por pereza, por miopía, por estupidez, por orgullo nacional.

DR. SERVATIUS (Abogado defensor)
Eichmann no debe estar sólo en el banquillo. También deben estar, el proveedor del gas Zyklon B, el proveedor de alambre de púa, TOPF, el constructor de los hornos crematorios que aún hoy sigue haciendo hornos y todos los otros contratistas del mal.

GIDEON HAUSNER (Fiscal)
El pueblo alemán debe seguir viviendo. Debemos juzgar a los responsables, a las cabecillas.

EICHMANN
Muchos de los responsables no son alemanes: La Iglesia Católica con su tolerancia y complicidad. Los Judenrat porque dieron su colaboración a cambio de inmunidad. y la posibilidad de sobrevivir algunos meses más. Los países del mundo por no aceptar judíos que querían emigrar. La Argentina que acogía a los nazis fugitivos después de la guerra, la Iglesia Católica que les conseguí pasaportes con nombre falso. Los aliados por no bombardear las vías férreas y las cámaras de gas. Los países del este porque acogían a los campos y les daban su apoyo y tolerancia. La mayoría del mundo, los que podían hacer algo significativo para salvar a los judíos, no hicieron lo que podían hacer.

GIDEON HAUSNER (Fiscal)

Pero también están los combatientes del ghetto de Varsovia, los sionistas que arriesgaban su vida para sacar judíos, el conde Bernardotte, el Señor Oskar Schindler y su famosa lista, el rey Christian X de Dinamarca, que usó una estrella amarilla, siendo inmediatamente imitado por la población no judía, el Conde Folke Bernadotte, el reverendo Gruber deportado a Dachau, el sacerdote católico Bernard Lichtenberg, muerto en el campo, Raoul Wallenberg y algunos miles de europeos que arriesgaron su vida para salvar algunos pocos judíos.

EICHMANN
Muchos de ellos, al comportarse de ese modo, violaron su juramento. Son simplemente traidores a su patria.

GIDEON HAUSNER (Fiscal)
¿Recuerda el texto del juramento de fidelidad a Hitler?

EICHMANN
Con toda precisión: Ante Dios, hago el sagrado juramento de que estoy dispuesto a obedecer en forma incondicional y combatiré valientemente por el Fuhrer del pueblo y del imperio alemán, Adolf Hitler, el alto comandante en jefe de la Wehrmacht, y que entregaré mi vida para respetar ese juramento.

GIDEON HAUSNER (Fiscal)
¿Qué lo llevó a olvidarse de su conciencia, de su corazón y aceptar un código moral basado sólo en una persona?

EICHMANN
Dios dejó de existir en Alemania. Nuestra conciencia era del Fuhrer. El jefe no justificaba su orden y el subordinado no la juzgaba." Befhelnotstand!"

GIDEON HAUSNER (Fiscal)
¿Cómo se puede llegar a esa degradación de un ser humano?

EICHMANN
Para nosotros el cumplimiento del deber era la expresión más alta de nuestra libertad como ser humano. No había posibilidad de distinguir el bien del mal. Lo pocos que la conservaron pagaron con su vida o con el destierro

GIDEON HAUSNER (Fiscal)
¿Cómo un pueblo pudo aceptar una situación semejante?

EICHMANN
Estábamos alienados del resultado de nuestras acciones. Como el soldado de un pelotón de fusilamiento: su trabajo es apuntar y disparar. No cuestiona la orden de fuego. La mayoría del pueblo alemán fue silenciosa, no fue silenciada. Entregó su destino al Fuhrer y lo acompañó.

SOFOCLES (Dramaturgo griego)
Edipo mata a su padre, se casa con la madre tiene hijos incestuosos. Pero cuando se entera de sus actos acepta su responsabilidad y se quita los ojos para no ver las consecuencias de sus actos. Eso es un hombre

EICHMANN
Porque Edipo obedecía a su conciencia. Los alemanes no obedecíamos a nuestra conciencia. No estábamos autorizados a tener conciencia. Nuestra conciencia era de Hitler. "Fuhrerprinzip!"

SOFOCLES (Dramaturgo griego)
Entonces ya no queda humanidad en su persona, Es un muerto con vida, igual que sus víctimas.

EICHMANN
Entregué mi conciencia al estado. Fui engañado y abusado. Fue mi puñalada en la espalda. Mi "Dolchstoss"

GIDEON HAUSNER (Fiscal)
Si hoy tendría que tomar esa decisión, ¿lo haría nuevamente?

EICHMANN
Sin dudarlo. Ahora que miro para atrás me doy cuenta que una vida dedicada a ser obediente y tomar órdenes es muy confortable realmente. Vivir de esa manera reduce al mínimo la necesidad de pensar.

GIDEON HAUSNER (Fiscal)
Pero tenía consciencia de sus actos. Y es por eso que se dedicaron a quemar todas las pruebas durante los últimos meses de la guerra. Por eso desenterraron los cadáveres para quemarlos y no dejar rastros.

EICHMANN
Era "Befhelnotstand". Ordenes de arriba. No cumplirlas era traición a la patria.

GIDEON HAUSNER (Fiscal)
Esa conciencia de sus actos explica el lenguaje que usaban: "solución final" reemplazó exterminio; "tratamiento especial" a matanza; "abandono del lugar" a la expulsión de los judíos; el "reagrupamiento" a la deportación ; la "zona judía de residencia" a los ghettos, "desplazamiento de residencia" al transporte hacia los campos.

EICHMANN
Los alemanes vivimos en nuestra lengua. Es el "Sprecheregelung", la jerga burocrática.

GIDEON HAUSNER (Fiscal)
Es mucho más que la jerga. Es la manera de evadir la responsabilidad por sus acciones y no enfrentar el sentimiento

23

de culpa. Describa el proceso de deportación de los judíos bajo su departamento

EICHMANN
El procedimiento se basaba en el nombramiento de un comité de judíos importantes, un Judenrat, para elegir a los judíos para la deportación y a un cuerpo de policía judía para aplicar las normas. Nosotros pedíamos una cantidad diaria y el Judenrat decidía a quienes mandar. La policía judía que se ocupaba de hacer los arrestos y la concentración física.

GIDEON HAUSNER (Fiscal**)**
¿Para qué necesitaban a los Judenrat?

EICHMANN
Sin la colaboración de los dirigentes judíos hubiera sido imposible administrar la concentración y evacuación de millones de judíos. En cada país ocupado primero poníamos un gobierno títere y luego una organización de los judíos para organizar las deportaciones. El Judenrat era un engranaje esencial. Otro más de la máquina.

ADAM CZERNIAKÓW (Presidente del Judenrat del ghetto de Varsovia)
Yo no lo pude soportar. Era demasiado para cualquier ser humano. Suicidarse era lo único correcto que se podía hacer.

GIDEON HAUSNER (Fiscal)
¿Por qué el Judenrat aceptaba colaborar con los nazis?

EICHMANN
Les ofrecíamos inmunidad temporal. Mientras colaboraban no estaban sujetos a deportaciones

ADAM CZERNIAKÓW (Presidente del Judenrat del ghetto de Varsovia**)**
Lo hicimos porque pensábamos que iba a disminuir el sufrimiento y dar la posibilidad de que sobrevivan más mediante la negociación y los acuerdos.

HANNA ARENDT (Alemana exiliada en 1933, filósofa)
Estuvieron equivocados. Los grupos que no colaboraron sobrevivieron mucho más que los que si lo hicieron. Un 50 contra un 5%.

ADAM CZERNIAKÓW (Presidente del Judenrat del ghetto de Varsovia)
Seleccionar quien debía vivir y quien morir requería más coraje que enfrentar la muerte ¿Qué otra posibilidad teníamos?

HANNA ARENDT (Alemana exiliada en 1933, filósofa)
La resistencia pasiva. Eso hubiera mejorado mucho las posibilidades de supervivencia.

ADAM CZERNIAKÓW (Presidente del Judenrat del ghetto de Varsovia)
Es fácil de decir ahora. No lo era en su momento. Los dirigentes judíos por siglos habíamos negociado, acordado, Nunca consideramos la resistencia pasiva como una opción válida.

HANNA ARENDT (Alemana exiliada en 1933, filósofa)
El rol de los lideres judíos en la destrucción de los judíos europeos es el capitulo más oscuro de una oscura historia. Un indicio del colapso moral de la respetable sociedad europea.

ADAM CZERNIAKÓW (Presidente del Judenrat del ghetto de Varsovia)
No estábamos políticamente preparados para el Nazismo igual que en el plano militar Europa no lo estaba para la Blietzkrieg.

Hitler nos tomó a todos por sorpresa. Subestimamos a nuestros enemigos, Pensamos que todos los goim eran iguales. No lo eran.

CHAIM RUMBOSKY (Presidente del Judenrat del ghetto de Lodz)
Fue muy duro, pero debía hacerse. Medidas como imprimir moneda con mi foto, sellos de correo con mi efigie, andar en un carruaje tirado por caballos atendiendo necesidades, solucionando problemas. Todo lo que hice lo hice para mitigar el sufrimiento de mis judíos. De nada me arrepiento.

PRIMO LEVY (Sobreviviente, químico, escritor)
Es la zona gris donde desaparece le concepto de responsabilidad individual

ADAM CZERNIAKÓW (Presidente del Judenrat del ghetto de Varsovia)
Todos pensábamos que había que acordar porque éramos mano de obra que el Reich necesitaba para sus industrias de guerra. Pero nos equivocamos. Para Hitler era más importante matar judíos que ganar la guerra. Hitler nunca hizo lo que el resto del mundo esperaba que haga.

HANNA ARENDT (Alemana exiliada en 1933, filósofa)
En medio del colapso moral los judíos aceptaban que los judíos alemanes era mejores que los polacos, que los combatientes de la primera guerra más que los no combatientes, los medio judíos con hijos más que los sin hijos, los casados con arios más que los no casados.

EICHMANN
No fueron los únicos judíos que colaboraron con nosotros.

DR. SERVATIUS (Abogado defensor)
¿Podría ser más específico?

EICHMANN

Cuando empezamos con la política de emigración forzada en el
33 los sionistas nos vieron como aliados pues nosotros teníamos
los mismos objetivos que ellos: sacar a los judíos de Alemania y
los sionistas los querían llevarlos a Palestina.

BEN GURION (Polaco, primer ministro de Israel)

Trabajamos juntos porque los dos queríamos lo mismo. En esa
época Alemania no era el enemigo. Era Gran Bretaña porque no
dejaba a los judíos ingresar en Palestina

EICHMANN

¿Qué diferencia hay entre ayudar a los judíos a emigrar y ayudar
a los nazis a deportarlos?

BEN GURION (Polaco, primer ministro de Israel)

Los sionistas pensábamos que la victoria de Hitler era la derrota
del asimilacionismo. Hitler trabajaba para nosotros.

.

EICHMANN

La "Aliyah Beth" se llevó de Alemania el mejor material humano
y genético para fundar el Estado judío. ¿No es lo mismo que
hacíamos nosotros? ¿La selección el mas apto?

HITLER (Fuhrer del III Reich)

Yo no veo porque el hombre no debiera ser tan cruel como la
naturaleza.

EICHMANN

Los judíos que no fueron seleccionados y se quedaron tenían
dos enemigos: las autoridades nazis y las sionistas.

GIDEON HAUSNER (Fiscal)

¿Cuándo comienza la llamada Endlosung, la exterminación física como solución de la cuestión judía?

EICHMANN
Cuando en Septiembre del 39 tomamos Polonia con sus 3.000.000 de judíos se complicó todo. ¿Qué podíamos hacer con 3.000.000 de judíos? ¿Quién iba a aceptarlos? En la conferencia de Evian, en el 38, ya se vio que nadie los quería.

CHAIM WEIZMANN (Primer Presidente del Estado de Israel)
El mundo parecía estar dividido en dos partes: Una donde los judíos no pueden vivir y la otra donde no pueden entrar.

EICHMANN
El Fuhrer decidió aislarlos en ghettos para limitar su influencia perjudicial mientras decidía que hacer con ellos.

GIDEON HAUSNER (Fiscal)
¿Cuando comenzaron los asesinatos masivos?

EICHMANN
Con la invasión a Rusia en Junio de 1941. Grupos especiales de la SS llamados Einsatzgruppen avanzaban en la retaguardia de la Whermacht y mataban a los dirigentes comunistas, a los que ofrecían resistencia y a los judíos de cada pueblo.

GIDEON HAUSNER (Fiscal)
¿Usted qué participación tenía?

EICHMANN
Ninguna. Luego de la invasión a Rusia me quedé sin trabajo. Se canceló la política de emigración forzada y la colaboración con los sionistas. Ahora un estado judío en Palestina era una amenaza. De especialista en emigración y en temas judíos pase a ser organizador de transportes

GIDEON HAUSNER (Fiscal)
¿Cómo eran asesinados?

EICHMANN
Con una bala parados al lado de una fosa en la que caían y eran rematados en caso de necesidad. Era una situación degradante para la SS verse obligada a matar mujeres y niños. Siempre estuve en desacuerdo. Se volvían, sádicos, impotentes, perversos. En Lituania en 1941 un UntersturmFuhrer de las SS se volvió loco y mato a varios oficiales antes de ser matado por sus compañeros. Varios oficiales pidieron traslado por motivos de conciencia

HIMMLER (Comandante en Jefe "Reichsführer" de las SS y de la GESTAPO)
La orden de la solución final para la cuestión judía fue la orden más terrible que una organización pueda recibir. Y esperábamos de nuestra SS algo sobrehumano, que sean sobrehumanamente inhumanos

EICHMANN
El principal problema era la piedad, ese sentimiento espontáneo que todo ser humano siente frente al sufrimiento ajeno. Y como la piedad no se puede eliminar, la dirigíamos hacia nosotros. En vez de pensar "como puedo hacer esto a un ser humano" pensábamos "como sufro por cumplir con mi deber. Que dura es mi misión"

GIDEON HAUSNER (Fiscal)
En vez de tener piedad por las víctimas tenían piedad de Ustedes mismos por tener que hacer lo que estaban haciendo.

EICHMANN
"Jawohl!" Así era. Caso contrario no lo hubiéramos podido hacer.

GIDEON HAUSNER (Fiscal)
¿Y los niños... por qué los niños? Lo más inocente que se pueda concebir

HIMMLER (Comandante en Jefe "Reichsführer" de las SS y de la GESTAPO)
Había que matar a los chicos para evitar una generación de vengadores. Eran la semilla de un nuevo orden judío.

EICHMANN
La matanza cara a cara era insostenible. Estaba minando la moral de nuestras tropas. Había que cambiar

GIDEON HAUSNER (Fiscal)
¿En qué consistió el cambio?

EICHMANN
En Enero de 1942 en una reunión interministerial en Wansee se resolvió proceder a la eliminación física de los judíos mediante cámaras de gas y crematorios, que fue llamada la Endlosung.

GIDEON HAUSNER (Fiscal)
¿No hubo objeciones?

EICHMANN
En Wansee me sentí Poncio Pilatos. Si los grandes jerarcas del régimen estaban de acuerdo, ¿Qué podía yo decir? Qué dudas podía yo expresar? Un acto de arrogancia de tal calibre salía totalmente fuera de mis posibilidades. Me sentí virgen de toda culpabilidad,

GIDEON HAUSNER (Fiscal)
¿Estaba Usted de acuerdo?

EICHMANN
Nunca. Creo que la Endlosung fue la acción más inhumana de la humanidad. Siempre creí que la solución debía ser política. Un territorio y todos los judíos concentrados en un área física. Primero intentamos Nisko y luego Madagascar, Ambos proyectos fracasaron y sólo quedó la solución física.

GIDEON HAUSNER (Fiscal)
¿Durante la reunión manifestó su desacuerdo?

EICHMANN
De ninguna manera. Contradecir las órdenes de Hitler era un delito de traición a la patria.

GIDEON HAUSNER (Fiscal)
¿En la reunión de Wansee hubo una orden escrita de Hitler pidiendo el exterminio físico?

EICHMANN
Nunca hubo, que yo sepa, una orden escrita del Fuhrer sobre ese punto. Fueron órdenes verbales transmitidas por el Reichfuhrer Himmler y el SS-Obergruppenführer Heydrich, El hombre del corazón de hierro

GIDEON HAUSNER (Fiscal)
¿Cómo todo un estado podía organizar un operativo de tanta magnitud en base a una orden verbal?

EICHMANN
Porque la palabra del Fuhrer tenía fuerza de ley. "Fuhrer worte habe Gesichte kraft."

GIDEON HAUSNER (Fiscal)
¿Qué decisión se tomó en Wansee?

EICHMANN

Trasladar a los judíos a campos de concentración y someterlos a un tratamiento especial.

GIDEON HAUSNER (Fiscal)

¿Esas palabras qué quieren decir, exactamente?

EICHMANN

Perdón, así hablábamos en Alemania nazi. Quiere decir deportar a los judíos y matarlos en los campos mediante cámaras de gas y crematorios. Se llamaba en la jerga del Lager: "Himmelweg", el camino del cielo. Pero no se mataban a todos.
Aproximadamente un 25% era seleccionado para mano de obra en las industrias establecidas cerca de los campos.

GIDEON HAUSNER (Fiscal)

¿Por qué se eligió ese método de matanza?

EICHMANN

Los Einsatzgruppen mataban de un tiro y enterraban en fosas a mujeres y niños. Nuestros hombres se volvían locos. No lo podían soportar

HITLER (Fuhrer del III Reich)

Debemos conceder a los deportados el derecho a una muerte sin dolor

GIDEON HAUSNER (Fiscal)

¿Y en los campos eso no sucedía?

EICHMANN

En los campos se mataban objetos, seres humanos despojados de su dignidad. Matar de esta manera no trae culpa y no hay piedad porque no hay humanidad en el otro.

GIDEON HAUSNER (Fiscal)
¿Usted quiere decir que la violencia y degradación de los prisioneros tenía por objetivo convertirlos en objetos que no inspiren la piedad de los alemanes?

EICHMANN
Jawohl! Lo lamento, pero así era ese torbellino de muerte.

GIORGIO AGAMBEN (Filósofo italiano)
En Auschwitz el estado de excepción dejó de ser excepcional. Pasó a ser la norma

HANNA ARENDT (Alemana exiliada en 1933, filósofa)
Los alemanes no sólo querían "Lebensraum", un espacio vital para los arios sino un "Todesraum", un espacio de muerte para los judíos. Un espacio donde todo era posible

GIDEON HAUSNER (Fiscal)
¿Hasta cuando duró el exterminio?

EICHMANN
Hasta Otoño de 1944. Himmler decidió interrumpir las operaciones de deportación y exterminio. Quería usar a los judíos para negociar con los Aliados. Por segunda vez me quedé sin trabajo.

GIDEON HAUSNER (Fiscal)
Hay múltiples testimonios de que Usted hizo lo posible para evadir las nuevas órdenes de Himmler. ¿Es así?

EICHMANN
Así es. Himmler tomó esa decisión sin consultar con el Fuhrer. Todos lo sabíamos. Fue alta traición.

GIDEON HAUSNER (Fiscal)

Implica Usted que interrumpir el exterminio fue un acto criminal de Himmler.

EICHMANN
En Alemania nazi lo era. Una violación del "Fuhrerprinzip"

HITLER (Fuhrer del III Reich)
Hacia el final de la guerra no podía confiar en mis SS. El leal Himmler resultó ser un traidor.

GIDEON HAUSNER (Fiscal)
¿Fue sancionado por Himmler?

EICHMANN
Me convocó a su oficina, me intimó a cumplir sus órdenes.

HIMMLER (Comandante en Jefe "Reichsführer" de las SS y de la GESTAPO)
Hasta ahora Usted fue in exterminador de judíos. A partir de este momento y hasta nueva orden, será su niñera. Ahora necesitamos a los judíos vivos

GIDEON HAUSNER (Fiscal)
¿Como es el mecanismo político y jurídico que llevo a esta situación en la que ningún acto cometido contra los prisioneros podía ser considerado delito?

EICHMANN
La regla del campo era un estado de excepción y la muerte era la norma. No generaba ningún comentario, no producía llanto, ni tampoco congoja. No había velorio no entierro ni nadie decía oraciones. No había ritos de despedida de los muertos, ni ningún otro signo de humanidad. La gente moría como mueren los animales en el campo. Era como eliminar insectos. Una plaga. No era un crimen sino todo lo contrario.

GIDEON HAUSNER (Fiscal)
Arrestar, encerrar en ghettos, transportar, seleccionar, gasear, recuperar valores, cremar, disponer de las cenizas. Usted fue parte de esa línea de montaje de la muerte.

EICHMANN
Jawohl, fui parte y no podía hacer nada para evitarlo. No estaba en mis manos. Cada visita a los campos me revolvía el estómago. Terminaba enfermo de ver la degradación de la victima a un nivel sub humano para reducir las chances de rebelión de las victimas y los sentimientos de culpa de los victimarios.

GIDEON HAUSNER (Fiscal)
¿En Auschwitz entonces era un delito ser un ser humano?

EICHMANN
Asi era. El campo era un espacio sin emociones humanas. Era la condición de permanencia para todos sus habitantes. Tanto victimas como victimarios. Primero la vida era despojada de dignidad y luego también la muerte.

GÜNTER GRASS (Alemán, escritor, Premio Nóbel de Literatura)
Auschwitz es un punto de ruptura. La humanidad y el concepto de existencia humana sucumben a un antes y un después

BRUNO BETTELHEIM (Austriaco, sobreviviente, psicólogo, escritor)
Aunque se rodee de explicaciones, Auschwitz nunca se podrá explicar.

EICHMANN
Muchos judíos tomaron los valores de los victimarios para poder sobrevivir. Los Sonderkommado, los Judenräte y los

Kapos eran judíos que colaboraron con nosotros para salvar su pellejo.

DR. SERVATIUS (Abogado defensor)
No hay víctimas ni victimarios puros. Algunos judíos dejaron atrás su conciencia para poder sobrevivir. Sin ellos la Shoá no hubiera sido posible:

GIDEON HAUSNER (Fiscal)
No somos los judíos los que estamos siendo juzgados en esta Corte.

MOSHE LANDAU (Presidente del tribunal)
Adelante Dr. Servatius, esta Corte quiere escuchar su alegato.

DR. SERVATIUS (Abogado defensor)
En este infernal línea de montaje de cadáveres las víctimas y victimarios son intercambiables, Judenrat, Sonderkommando, y Kapo. Son victimas, victimarios, colaboradores o cómplices.

GIDEON HAUSNER (Fiscal)
¿Qué trabajo tenían los Sonderkommando?

EICHMANN
Eran los encargados de llevar a los judíos a las cámaras con el engaño de que iban a las duchas, recuperaban el oro de las dentaduras y los objetos de valor de los orificios, transportaban los cadáveres hasta los hornos, cremaba y disponían de las cenizas

GIDEON HAUSNER (Fiscal)
¿Eran siempre judíos?

EICHMANN
Siempre judíos

GIDEON HAUSNER (Fiscal)
¿Por qué se elegía únicamente a judíos para este trabajo, el más horrible de todos?

EICHMANN
No lo sé. No era mi trabajo.

PRIMO LEVY (Sobreviviente, químico, escritor)
Porque eso degradaba aún más a los judíos. Los alemanes pensaban: "Miren lo que le hacen estos judíos a su propia gente. Merecen morir. Era otra forma de no tener culpa por matar miles de personas por día.

GIDEON HAUSNER (Fiscal)
¿Quién tomaba esas decisiones?

EICHMANN
No lo sé. Mi trabajo era transportar. Nunca tuve ingerencia sobre los campos, El único campo sobre el que tenía jurisdicción fue Theresienstadt

GIDEON HAUSNER (Fiscal)
Donde fue Maurice Rossel de la Cruz Roja Internacional a realizar una inspección.

EICHMANN
Nunca dejamos que vayan a los otros campos. Hubiera sido inaceptable.

GIDEON HAUSNER (Fiscal)
¿La idea era canjear judíos a cambio de dinero?

EICHMANN

Eso se hizo durante toda la guerra. Rudolf Kastner compró 1684 judíos por   1.684.000 dólares que emigraron todos a Palestina. Después intentó negociar un millón de judíos por 10.000 camiones. No tuvo éxito esta vez.

GIDEON HAUSNER (Fiscal)
¿En que consistió este cambio de política, entonces?

EICHMANN
La idea de Himmler era usar a los judíos como moneda de cambio para hacer una paz por separado con los Aliados. Nunca me gustó esa política. Traicionaba mis ideales.

GIDEON HAUSNER (Fiscal)
¿Cuáles eran sus ideales?

EICHMANN
Obedecer la palabra del Fuhrer, que era la ley. Himmler dejó de cumplirla.

GIDEON HAUSNER (Fiscal)
Entonces fue Usted mucho más allá que cumplir con las órdenes de su superior inmediato.

EICHMANN
Himmler era un traidor que dejó de cumplir con las órdenes del Fuhrer. Quería negociar la paz usando a los judíos como rehenes.

GIDEON HAUSNER (Fiscal)
¿Por qué los judíos aceptaban pertenecer a los Sonderkommando?

EICHMANN

Tenían mejor comida, calefacción y la posibilidad de vivir
algunos meses más, Al cabo de unos meses eran exterminados.

GIDEON HAUSNER (Fiscal)
¿Por qué?

EICHMANN Y
Eran los peores testigos. Los que realmente sabían lo que estaba
pasando. No podían quedar vivos.

GIDEON HAUSNER (Fiscal)
¿Sabían los Sonderkommando cómo era su final?

EICHMANN
Claro que sabían. Cada nuevo Sonderkommando quemaba los
cadáveres de sus predecesores.

GIDEON HAUSNER (Fiscal)
El Sonderkommando es la creación más demoníaca del nazismo.
Forzar a un hombre a gasear y cremar a su propia familia es la
síntesis del mal. Es el fin de toda categoría ética.

VICTOR FRANKL (Sobreviviente del campo, austriaco, siquiatra,
escritor)
Es la victima que asumía los valores del victimario. Victimas y
victimarios son fraternos en el horror

Dr. SERVATIUS (Abogado defensor)
No hay una inocencia colectiva del pueblo judío el mismo modo
que no hay una responsabilidad colectiva del pueblo alemán.

AARON LIEUKANT (Sobreviviente)
La paradoja del Sonderkommando es que para vivir necesitaban
cargamentos de judíos. Cuando en Octubre de 1944 Himmler
suspendió la solución final ante la inminencia de la derrota,

sucedió la rebelión de los Sonderkommando en Birkenau.
Dejaron de llegar judíos y los Sonderkommando sabían que era
el final para ellos.

PRIMO LEVY (Sobreviviente, químico, escritor)
Un grupo de judíos entró en la zona gris en la que las
distinciones entre victima y victimario, ejecutado y ejecutado,
bueno y malo, valedero o inútil perdían todo significado.
Situaciones de intensa ambigüedad moral. De un intenso color
gris a la que pertenecían los Kapos, los Sonderkommando de los
crematorios, los empleados y administrativos de los campos, los
miembros del Judenrat.

EICHMANN
Tambien la "Unternehmen Bernhard" que se estableció en el
Lager de Sachsenhausen donde 142 expertos en la fabricación
de billetes falsos de dólar y libras esterlinas al mando de
Sorowitsch. Muchos de ellos al ser liberados se llevaron los
billetes y empezaron su nueva vida como millonarios

PRIMO LEVY (Sobreviviente, químico, escritor)
El verdugo aparece como victima y el oprimido se hace opresor.
Todos los matices de la ética entran en fusión. Haber concebido
y organizado los Sonderkommando ha sido el delito mas
demoníaco de los nazis. La Shoá significa al fin de las categorías
éticas.

JOSEPH SACHAR (Sonderkommando)
Podíamos ver lo que veíamos y hacer lo que hacíamos porque no
éramos seres humanos. Éramos robots, maquinas, sin
sentimientos. Escindidos
Llorábamos, pero sin lágrimas.

EICHMANN

Los judíos de la zona gris hacían lo mismo que hacíamos todos. Hacer lo que había que hacer para seguir viviendo

PRIMO LEVI (Sobreviviente, químico, escritor)
La "zona gris" es una zona de irresponsabilidad más allá del bien y del mal. La máxima expresión del mal desatado por los nazis es el "musulmann", que representa el paradigma de la degradación del ser humano, de su conversión en vida pura vida biológica.

GIDEON HAUSNER (Fiscal)
¿Que rol tenia su Departamento en relación con los musulmaenner?

EICHMANN
Todo lo que sucedía dentro de los campos no era incumbencia de mi departamento. Sólo hacíamos el transporte

GIDEON HAUSNER (Fiscal)
Usted fue de visita muchas veces a Auschwitz. ¿Correcto?

EICHMANN
Iahbol, mein Herr

GIDEON HAUSNER (Fiscal)
¿Vio a los musulmaener en Auschwitz?

EICHMANN
Iahbol!

GIDEON HAUSNER (Fiscal)
Relate a esta corte lo que vió.

EICHMANN

Los musulmaener eran hombres que vivían muertos. Sin capacidad de lucha, sin valor para distinguir el bien del mal. El musulmann era un hombre reducido a la mera existencia biológica.

GIDEON HAUSNER (Fiscal)
¿Cómo llegaban a ese estado?

EICHMANN
La falta de comida, el estrés y el frío los convertían en cadáveres ambulantes. hombres momia, muertos vivos con ojos sin pensamiento y sin voluntad

GIDEON HAUSNER (Fiscal)
¿Por qué se llamaban muselmaenner?

EICHMANN
Porque se ponían de cuclillas ahuecando el pecho para conservar el calor y parecían musulmanes en su oración. Quizás porque tenían una sumisión fatalista ante su Dios, similar a la que se atribuye a los musulmanes.

HANNA ARENDT (Alemana exiliada en 1933, filósofa)
Seres vaciados de emociones propias y de corazones con sentimientos, son ellos también un engranaje de una máquina del mal

VICTOR FRANKL (Sobreviviente, austriaco, siquiatra, escritor)
El muselmann es la mayor contribución, sino la única, del Tercer Reich a la civilización.

GIORGIO AGAMBEN (Italiano, filósofo, escritor)
El musulmann no podía caminar, no podía trabajar y no podía ya vivir más, pero tampoco podía morir. Seres puros biológicos cuya única voluntad era calmar el hambre que los atormentaba

VICTOR FRANKL (Sobreviviente del campo, austriaco, siquiatra, escritor**)**
Los SS de los campos eran muselmaenner bien vestidos y alimentados. Pero muertos ya que vivían sin moral y sin auto respeto.

GIDEON HAUSNER (Fiscal)
La destrucción física de las victimas implicó la destrucción moral de los victimarios

EICHMANN
Es el precio de obedecer ciegamente. Los nazis éramos almas muertas o cadáveres espirituales iguales a los musulmaener. Pero no nos dábamos cuenta. Estábamos bajo el hechizo del Fuhrer y de la fidelidad a nuestro juramento.

GIDEON HAUSNER (Fiscal)
El musulmann es el paradigma de la deshumanización y representa todo el daño que Usted le ha hecho a la humanidad.

ZWI BACHRACH (Sobreviviente)
En Auschwitz no era decente ser decente. Los que conservaron la dignidad y respeto sentían vergüenza por los que la perdieron y los que sobrevivieron se sienten con culpa por haber sobrevivido.

CHARLES PAPIERNIK (Sobreviviente)
Moríamos sin saber por que. Sin conocer nuestra culpa

GIDEON HAUSNER (Fiscal)
En Auschwitz es donde se produjo la separación entre lo humano y lo biológico. El mayor de los crímenes de la humanidad. Y Usted fue un cómplice

EICHMANN

Jawohl. Pero no estaba en mis manos evitarlo. Yo no lo puse en marcha y yo no podía pararlo.

LEO BAECK (Rabino mayor de Berlín)

El musulmaner representa la angustia del "thou vavhou", del universo vacío sin hombre y sin Dios. La nada y el caos. El abismo en las tinieblas.

HITLER (Fuhrer del III Reich)

La mejor política es el terror. La crueldad exige respeto. Los hombres nos podrán odiar, pero no pedimos su amor, sólo que nos tengan miedo.

GIDEON HAUSNER (Fiscal)

¿Con tanto sufrimiento no hay en Usted una pizca de culpabilidad, de arrepentimiento?

EICHMANN

No es un tema de relevancia jurídica. Yo cumplía mis órdenes y asumo la responsabilidad que implica haber sido un soldado que respetó su juramento y fue leal a su patria.

YAACOV SILBERGERG (Sobreviviente**)**

Yo me siento con culpa, sin haber sido culpable, porque tuvimos suerte y la muerte le tocó a otros. Es la culpa por vivir en el lugar del otro.

LEIB LANGFUS (Sobreviviente**)**

Vivo, luego soy culpable. Otro ha muerto en mi lugar-

MICHELINE WOLANOWSKI (Sobreviviente)

Vivo como un inocente que acepta su culpa.

YAACOV GABBAI (Sobreviviente**)**

Culpa porque no hicimos nada por ayudar, aún sabiendo que nada podíamos hacer.

PABLO ALTER (Sobreviviente**)**
Siempre pensábamos que culpa teníamos para merecer ser confiscados, secuestrados, transportados, gaseados y cremados? No teníamos ninguna culpa. Simplemente éramos judíos. Vivo ahora con la doble culpa, la de la victima y la del sobreviviente.

VICTOR FRANKL (Sobreviviente, austriaco, siquiatra, escritor)
Vivíamos bajo la "ilusión del indulto". La fantasía del condenado que piensa que a último momento algo nos iba a salvar.

RUDI WEINMANN (Sobreviviente)
Fue el sufrimiento más terrible, el que no tiene sentido. El sin sentido lo hace aún más espantoso

ELLY GROSS (Sobreviviente)
Dios también es responsable por Auschwitz y algún día deberá pagar, también él.

TOMAS KERTESZ (Sobreviviente)
¿Cómo un hombre tan insignificante pudo cometer actos de tan enorme significado?

HITLER ((Fuhrer del III Reich)
Los nazis no estábamos solos. Muchos nos acompañaron. La pregunta que deben hacerse los judíos es ¿Por qué el mundo los odia tanto? ¿Por qué los odiaron por siglos y siglos?

ALBERT EINSTEIN (Alemán exiliado en 1933, físico, Premio Nóbel)
No nos odian. Nos envidian,

EICHMANN

Los alemanes se consideran el pueblo elegido para imponer su ley sobre Europa. El otro Pueblo elegido es Israel. No podía haber dos pueblos elegidos en un mismo territorio Es un conflicto entre dos pueblos elegidos. Uno estaba demás.

GIDEON HAUSNER (Fiscal)
Por eso el reconocimiento de Alemania al Estado de Israel tardó 18 años. Es el tiempo que les llevó a los alemanes reconocer al vencedor. Aunque esta demora esté disfrazada de culpa.

FEDERICH ENGELS (Alemán, filósofo, revolucionario)
En mi libro de 1884 EL ORIGEN DE LA FAMILIA ya hablaba yo de la supremacía de los pueblos judíos y arios. Fueron los primeros en tener ganadería y en consecuencia acceso estable a las proteínas, lo que permite un cerebro más grande y mayor capacidad mental.

EICHMANN
Por mi admiración a los sionistas siempre los consideré mis iguales, Hasta que llegó el Endlosung, la solución final, la eliminación física como resolución de la Judenfrage.

GIDEON HAUSNER (Fiscal)
¿Qué participación tuvo Usted en la decisión?

EICHMANN
Ninguna. Yo nunca participaba en la toma de decisiones. Ni Himmler, ni mi jefe estuvieron de acuerdo con la Endlosung, pero la decisión de Hitler era la decisión de Dios. Pero mi admiración por los judíos nunca cambió.

GIDEON HAUSNER (Fiscal)
¿Usted, el máximo exterminador de los judíos de la historia, se proclama un admirador de sus víctimas?

EICHMANN
Siempre admiré a los sionistas, a los judíos que tienen un ideal y están dispuestos a sacrificar todo. Yo soy un idealista también, Tengo sentimientos y emociones pero nunca dejo que interfieran con mi ideal, con el imperativo moral kantiano

MOSHÉ LANDAU (Presidente del tribunal)
¿Habló Usted del imperativo kantiano?

EICHMANN
Así es. Leí y estudié la Critica de la Razón práctica e inmediatamente traté de comportarme según sus principios.

MOSHÉ LANDAU (Presidente del tribunal)
Herr Eichmann, la filosofía de Kant está íntimamente ligada a la facultad de juzgar y descarta totalmente la obediencia ciega.

EICHMANN
Cuando empezó el período de los crímenes legalizados por el Estado tuve que abandonar el imperativo kantiano

MOSHÉ LANDAU (Presidente del tribunal)
¿Qué hizo? ¿Adoptó el "imperativo kantiano del nazismo"?

EICHMANN
Exactamente. Es la versión de Kant para el "hombre casero sin importancia"

MOSHÉ LANDAU (Presidente del tribunal)
¿En qué consiste esa versión? En Kant las decisiones del individuo guiadas por su razón práctica encuentran y deben encontrar los principios de las leyes generales.

EICHMANN

Al dejar de ser dueño de mis actos y no poder cambiar nada, la fuente de la ley dejó de ser la razón práctica y pasó a ser la voluntad del Fuhrer. Nuestras acciones requerían actuar como si uno mismo fuese el autor de la ley que obedece.

HITLER(Fuhrer del III Reich)
El éxito es el único juez de lo que está bien o mal

HANS FRANK (Abogado del Partido Nazi. Gobernador General de Polonia)
Actúa de modo tal que si el Fuhrer te viera, aprobaría tus actos.

MOSHÉ LANDAU (Presidente del tribunal)
Esto explica sus acciones que iban mucho más allá del cumplimiento del deber

EICHMANN
Todos los alemanes hacíamos lo mismo. El Fuhrer nos pedía que no nos quedáramos detrás de nuestras sombras.

GIDEON HAUSNER (Fiscal)
¿En qué se basa su admiración a los judíos?

EICHMANN
El sionismo y el judaísmo comparten la idea de que no hay un Volk, que no hay un pueblo si no hay un Boden, una Tierra. La Tierra como promesa. También compartimos la noción de pueblo elegido y la noción de la pureza de la estirpe. No se puede ser ario por elección, como así tampoco un judío por elección. En ambos casos es de nacimiento.

GIDEON HAUSNER (Fiscal)
¿Por eso se aplicaron las leyes de Nuremberg?

EICHMANN

Había que separar a los judíos de la sociedad alemana. Nosotros pusimos en las leyes lo mismo que Ustedes en la religión. Nuestras leyes prohíbían el casamiento con judíos del mismo modo que vuestras leyes prohíben el casamiento con gentiles.

Dr. SERVATIUS (Abogado defensor)
Algo habrán han hecho los judíos para convertirse en victimas de la civilización occidental, La victima siempre convoca de algún modo al victimario, no hay victimas puras, sin complicidad de algún tipo. Victimas y victimarios eran parte de un mismo sistema.

BRUNO BETTELHEIM (austriaco, sobreviviente, psicólogo, escritor)
¿Por qué los judíos llegaban caminando al punto de embarque, pagaban el costo del transporte, caminaban hasta el lugar de ejecución, cavaban sus propias tumbas, se desnudaban, dejaban las ropas apiladas y se paraban uno al lado de otro para ser fusilados y caer sobre la tumba? ¿Por qué tanta sumisión? Tanta debilidad. Los judíos fuimos a la muerte como corderos sumisos.

EICHMANN
Los judíos se aíslan, no son hospitalarios no van de invitados, no reciben en casa. No se mezclan. Generan suspicacias. Se creen el pueblo elegido por Dios. Ya hay testimonios de los griegos en ese sentido en Alejandría. Siglos antes de Jesucristo. Mucho antes del antisemitismo religioso.

GIDEON HAUSNER (Fiscal)
Eso no justifica el exterminio de todo un pueblo.

EICHMANN
¿Qué hizo Pío XII en Octubre de 1943 cuando deportaron a sus judíos romanos, a sus vecinos? Nada.

PIO XII (Eugenio Maria Giuseppe Giovanni Pacelli, Papa de la Iglesia Católica)
Mi responsabilidad era preservar a la Iglesia en tiempos tan turbulentos. Hubiera querido gritar, pero no podía hacerlo. Era inútil y mas aún, perjudicial.

EICHMANN
Muchos, incluido yo mismo, logramos escapar gracias a la "ruta de los monasterios" con pasaportes provistos por el obispo Alois Hudal.

ALOIS HUDAL (obispo católico de la Congregación de Santa María dell´Anima en Roma)
Era lo correcto. Lo que debía esperarse de todo buen cristiano

EICHMANN
Gran Bretaña prohibió la inmigración a Palestina cuando los judíos no tenían donde ir.

WINSTON CHURCHILL (Primer ministro de Gran Bretaña)
Nuestras relaciones con los árabes eran estratégicas e indispensables para ganar la guerra. No podíamos tenerlos en contra.

EICHMANN
Los Aliados nunca bombardearon las cámaras de gas ni los hornos crematorios.

FRANKLIN D. ROOSEVELT (Presidente de los EE.UU.)
No era una prioridad. Primero estaba la vida de nuestros muchachos en el frente.

EICHMANN
Argentina era un refugio para los nazis que escapaban sin pagar por sus crímenes

JUAN D. PERON (Presidente de la República Argentina)
Nuestro país siempre estuvo abierto a todos aquellos que
quieran vivir en el suelo argentino. También recibimos a los
judíos cuando no tenían donde ir.

EICHMANN
La Cruz Roja con sus ridículas visitas a Theresienstadt que nada
informaban

MAURICE ROSSEL (representante de la Cruz Roja en la
inspección)
De haber hablado lo poco que hacíamos a favor de los
prisioneros se hubiera impedido. Lo mejor era callar.

EICHMANN
La aniquilación se hizo en países antisemitas, Polonia Hungría.
En los demás no se pudo. Los programas de Judenrein fueron un
fracaso en Francia, Italia, Bélgica, Dinamarca, ¿Por que? Porque
la población no era antisemita. Todos los pueblos donde hubo
aniquilación fueron cómplices, Nosotros fuimos una mano
ejecutora. Ustedes los judíos deberán preguntarse por qué.

HIMMLER (Comandante en Jefe "Reichsführer" de las SS y de la
GESTAPO)
Hasta los oficiales de las SS en esos países ablandaron su
"despiadada dureza" y entraron en "razones humanitarias" No
podíamos convertir a un país en "judenrein" sin la colaboración
de la población civil.

Aparece un cartel proyectado que dice:
Declaramos ante nuestro Dios misericordioso que
participamos de la culpa de las atrocidades cometidas contra los
judíos, por nuestro propio pueblo, mediante la omisión y el

silencio. EVANGELISCHE KIRCHE IN DEUTSCHLAND (Iglesia Evangelista de Alemania)

BEN GURION (polaco, primer ministro de Israel)
Queremos que todas las naciones del mundo sepan... que deben avergonzarse

GIDEON HAUSNER (Fiscal)
Como un hombre tan insignificante pudo cometer actos horrorosos de gran significado. Nunca el mal fue tan trivial como en el caso suyo, Herr Eichmann

EICHMANN
La orden era matar sin odio. Fueron actos administrativos que llevaban a la muerte. Se trataba de mover papeles y despachar trenes,

GIDEON HAUSNER (Fiscal)
Es la muerte como acto burocrático que la hace aún más horrorosa. Es monstruoso que Usted no sea un monstruo. Es el horror del horror

EICHMANN
Todos los que están en esta sala algún día pueden ser un Eichmann.

HANNA ARENDT (Alemana exiliada en 1933, filósofa)
El mal trivial es mucho peor que el mal demoníaco. Es el mal que cualquiera de nosotros puede hacer. Es el mal hecho sin amor y sin odio. Es el acto de un burócrata cuyo máximo pecado es no respetar el orden establecido.

GIDEON HAUSNER (Fiscal)

¿Usted quiere hacer creer que la responsabilidad individual queda diluida porque la muerte es obtenida a través de un proceso burocrático?

EICHMANN
La responsabilidad es de todos. Pero no desde un punto de vista legal. Mis crímenes eran legales para la ley alemana. Ganaban medallas y condecoraciones. ¿Quién no quiere progresar en la vida?

GIDEON HAUSNER (Fiscal)
¿Qué clase de progreso puede estar basado en el asesinato?

EICHMANN
Los que progresaron fueron los judíos. En este conflicto los judíos prevalecieron. Sobrevivieron y aprendieron la guerra de nosotros. Y luego usaron ese conocimiento para fundar su Estado. No hubiera habido Estado Judío sin Hitler y sin Endlosung. Hertzl y Ben Gurion son muy importantes, pero sin Hitler no hubiera habido un estado judío.

HUSSEIN ZULFICAR SAKRI (Ministro de relaciones exteriores egipcio)
Los sionistas forzaron a Hitler a cometer los crímenes que luego posibilitaron la creación del estado de Israel.

MORDEJAI ANILEVICH (Polaco, líder de la rebelión del ghetto de Varsovia)
En el ghetto de Varsovia los judíos demostramos que podíamos renunciar a la muerte fácil de los campos y morir heroicamente.

BAR KOJBA (Líder judío en la Segunda Guerra Judeo-Romana)
Ya en Masada los judíos demostramos nuestra capacidad guerrera.

EICHMANN
Pero en Masada y Varsovia perdieron, Nuestra política de emigración forzada proveyó a la entonces Palestina del mejor material genético. ¿Resultado final? Un puñado de judíos ganaron una guerra imposible frente a millones de árabes

BEN GURION (Polaco, primer ministro de Israel)
Sobrevivimos 2000 años sin la ayuda de los nazis. No los necesitábamos.

EICHMANN
Hitler los hubiera admirado. Como admiraba a los ingleses que desde una pequeña isla dominaban al mundo. Hitler quería lo mismo: dominar el mundo con unos pocos millones de alemanes. Inglaterra era su modelo.

BEN GURION (Polaco, primer ministro de Israel)
Nosotros no queremos dominar a nadie. Solo queremos una Tierra para nuestro pueblo

EICHMANN
Lograron su objetivo. Nosotros fracasamos. Pero Ustedes también tienen a sus propios judíos. Son los árabes. Algún día deberán tener una Endlosung para sus árabes.

MOSHÉ LANDAU (Presidente del tribunal**)**
Por primera vez desde la destrucción del Templo por los romanos, los judíos podemos administrar justicia sin tener que apelar a los derechos humanos

HITLER (Fuhrer del III Reich)
Los derechos humanos son la expresión de la estupidez y de la cobardía

Los diversos contadores en pantalla que avanzaban a ritmo diferentes quedan estáticos en un cifra. Aparecen textos arriba de cada cifra y en cada contador es posible leer:

Muertos rusos: Muertos judios   Muertos alemanes Muertos Ingleses
Muertos americanos
 20.000.000   6.000.000   12.000.000   1,000.000
500.000

Muertos Total II Guerra Mundial
60.000.000

MOSHÉ LANDAU (Presidente del Tribunal)
Una realidad tan monstruosa será negada por la historia. El silencio de esta generación será el síntoma de la siguiente. Hablemos, contemos, testimoniemos, aun lo que es intestimoniable. Señor Fiscal, su alegato final

GIDEON HAUSNER (Fiscal)
El Juicio de Eichmann ha devuelto la voz a los que no la tuvieron. A los que se callaron para no poner sal en sus heridas. A los que tenían vergüenza por haber sobrevivido. Este juicio es un triunfo para las víctimas del nazismo. Una evidencia más de que nosotros los judíos hemos prevalecido. Pido la sentencia máxima que admite la ley para que quede bien establecido que existen límites al poder del estado sobre la vida y la muerte de los habitantes de nuestro mundo. Para que nadie en el futuro pueda escudarse en las órdenes recibidas. Aparecerá por fin un freno a la soberanía del estado. Su límite será ahora la conciencia del individuo. Imponer este límite es una condición para la supervivencia del género humano. Hay que hacer justicia y demostrar que se hace justicia.

EICHMANN
Sólo soy culpable de haber sido obediente. Debo aceptar mi destino

Mi único delito es pertenecer al bando perdedor de la guerra, es estar todavía aquí, es haber sobrevivido.

DR. SERVATIUS (Abogado defensor)
El acusado fue un pequeño engranaje de la maquinaria, tanto que apenas fue mencionado en el juicio de Nuremberg y ni siquiera fue juzgado "in absentia", como lo fueron Martin Borman y Adolfo Mengele. La imposibilidad de la defensa de convocar a sus testigos por falta de inmunidad es el defecto más grave de un juicio plagado de anomalías jurídicas. La finalidad de todo juicio es hacer justicia. No lo ha sido en este caso. Es un acto teatral realizado con fines de propaganda que utiliza al acusado como una excusa para obtener resultados políticos. Es una justicia travestida y un enorme error para el estado de Israel que solo redundará en mayores perjuicios para aquellos que tanto han sufrido.

MOSHÉ LANDAU (Presidente del Tribunal**)**
De pie, Herr Eichmann *(Eichmann se pone de pie)*
La pregunta.que se ha hecho esta Corte es si la Shoá ha creado el imperativo kantiano moral y político de evitar su repetición. Si la ética puede poner un límite a la tecnología aplicada a la violencia. La Shoá es un dilema sin solución.
Ninguna ética de nuestro tiempo soporta la prueba de Auschwitz. Auschwitz no ha sucedido, sigue sucediendo todo el tiempo y la misión de las generaciones que vendrán es evitarlo hasta el final de los días. Debemos hacer todo lo necesario para que esta historia sea contada por los vencedores, no por los vencidos, que tienen a su favor la imposibilidad del ser humano de pensar lo que es impensable. De no poder decir lo que no puede ser dicho, lo que no puede ser comprendido y en consecuencia, no puede ser representado. ¿Qué nos queda de Auschwitz? Todos somos supervivientes y todos estamos obligados a dar testimonio. A testimoniar lo intestimoniable
Que el mal no haya sido cometido por un monstruo, un demonio

o un sicópata lo hace aún mas grave. Lo más monstruoso es que Usted no es un monstruo. Es un ser común y corriente. Perfectamente normal. Nada puede ser más horroroso. Su culpabilidad ha quedado demostrada más allá de toda duda razonable. Y su entusiasmo superó largamente las exigencias del mero cumplimiento del deber.

Nosotros, como representantes de la humanidad, hemos decidio que no queremos compartir este mundo con Usted.

Queda Usted condenado a muerte, a la resucitación y a la repetición eterna de este juicio. Hasta que la humanidad aprenda la lección.

MARTIN BUBER (austriaco emigrado en 1938, filósofo, teólogo y escritor)

Pedimos clemencia para el acusado. Es un error de dimensiones históricas que servirá para que muchos jóvenes alemanes expíen su sentimiento de culpabilidad.

ITZAK BEN TZVÍ (Presidente del Estado de Israel)

El pedido de clemencia ha sido denegado.

GIDEON HAUSNER (Fiscal)

¡Usted declaró que bailaría en su tumba por haber eliminado a 5.000.000 de judíos! Ha llegado ese momento

BEN GURION (Polaco, primer ministro de Israel)

Pasarán los siglos dando explicaciones, pero la Shoá nunca podrá ser explicada. ¿Esa es la medida de cuanto nos odia el mundo? ¿O de cuanto nos odiaba hasta que llegó el nazismo? ¿Qué hicimos nosotros para merecer ese odio? Pero ahora tenemos un estado y nada así podrá volver a sucedernos.

REVERENDO WILLIAM HULL (pastor protestante)

¿Quiere Usted que leamos la Biblia juntos?

EICHMANN

En mis circunstancias no puedo perder el tiempo? ¿Podría tener una botella de vino?

Un asistente del jurado pone una botella de vino sobre la mesa. Eichmann apura dos copas de vino

EICHMANN

Dentro de poco volveremos a encontrarnos. Tal es el destino de todos los hombres, Viva Alemania!. Viva Austria!. Viva Argentina! Estos son los países con los que más me identifico y nunca los olvidaré. Tuve que obedecer las reglas de la guerra y las de mi bandera. Estoy listo.

El asistente intenta colocar una capucha en la cabeza de Eichmann quien la rechaza.

EICHMANN

Yo no necesito eso

MOSHÉ LANDAU (Presidente del Tribunal**)**

Se va ejecutar la sentencia. Tiene Usted una oportunidad de arrepentirse por sus actos

EICHMANN

El arrepentimiento es cosa de niños.

Un asistente del jurado coloca la cuerda en el cuello de Eichmann

BEN GURION (Polaco, primer ministro de Israel)

Esta ejecución no es la de un hombre sino la del antisemitismo que nos ha perseguido por siglos.

LEO BAECK (Rabino Mayor de Berlín)

El juicio a Eichmann ha sido un rito fúnebre colectivo, compartido por miles de millones. Es la despedida ritual a seis millones de judíos que murieron sin que nadie los despida, en el anonimato. Es nuestro Kádish para los que no lo tuvieron. Este juicio logrará sacralizar su muerte, puramente biológica. Ahora sí están en la esfera divina consagrada a los Dioses. Es otra batalla que los Nazis también perdieron.

BEN GURION (Polaco, Primer Ministro de Israel)
Los israelíes se están olvidando de que son judíos. Este juicio los conectará con su historia.

HITLER (Fuhrer del III Reich)
El futuro será mejor mañana.

El asistente termina de colocar la cuerda. Eichmann se apresta para la ejecución. Hay un apagón y ruidos de un cuerpo que cae y un cuello que se rompe. Cuando vuelven las luces se reproduce exactamente la primera escena de la obra. Los contadores de la pantalla vuelven a cero y nuevamente avanzan a ritmo diferente.

GIDEON HAUSNER (Fiscal)
Está Usted acusado de crímenes contra la Humanidad, no sólo de haber matado seis millones de judíos sino de haber accionado contra todo el género humano. ¿Cómo se declara?

Lentamente van bajando las luces y las voces se van haciendo un murmullo hasta llegar a la oscuridad total y al silencio.

FIN

Estimado lector:
Si llegó a esta página, probablemente este libro le haya interesado. Si es así, le pido por favor que escriba un comentario del libro en el siguiente link: http://amzn.to/2lYmrcf

Es importante, porque como autor me permite conocer la opinión de mis lectores y alienta a que otros posibles lectores se decidan a leerla.
Muchas Gracias Lazaro Droznes

DERECHOS DE TEATRO

Los interesados en la representación teatral de esta obra pueden contactar al autor en lazadro@gmail.com

OTRAS OBRAS DEL AUTOR:

ANGELES RECOLETOS
Los muertos reviven la historia argentina en la Recoleta
http://amzn.to/2lA2zeW

ASTOR & NADIA
El encuentro de Astor Piazzolla con Nadia Boulanger que cambió el tango
http://amzn.to/2mcJJqU

AUN MÁS CHISTES VERDES, AUN MÁS CORTOS Y AUN MÁS
PENE...TRANTES
Tercer volumen de la serie de libros con los mejores chistes verdes de una sola frase.
http://amzn.to/2u6LFti

CANTANDO COMO LA CIGARRA
Vida y canciones de Maria Elena Walsh
http://amzn.to/2kNM7U3

CARTAS DE AMOR de INGMAR & LIV
La hermosa historia entre Liv Ullman e Ingmar Bergman
http://amzn.to/2kCMEcy

CHE COMANDANTE
Revolucionario o aventurero?
http://amzn.to/2lx7oFu

CHE FAUSTO
El pacto de Enrique Santos Discépolo con el Diablo
http://amzn.to/2m1G547

CHE GARDEL
Comedia musical del eterno zorzal
http://amzn.to/2kXd8Fw

CHISTES VERDES, CORTOS Y PENE...TRANTES
Los mejores chistes en castellano. Bien verdes y de una sola frase
http://amzn.to/2khNZtF

CHISTES CORTOS DE UNA SOLA FRASE SIN PREPUCIO
El mejor humor judío para leer sin culpa
http://amzn.to/2AqCmo5

DA VINCI ENAMORADO
La interminable historia de amor de Da Vinci y Mona Lisa
http://amzn.to/2kX8nf6

DESNAZIFICANDO A LENI
La historia de Leni Riefenstahl en la Alemania nazi
http://amzn.to/2mcyM8K

DIVINA DIVA
Vida y arias de María Callas
http://amzn.to/2kXnghe

EJERCICIO PLÁSTICO
La increíble historia del mural de David Siqueiros por encargo de Natalio

Botana
http://amzn.to/2kXnqVX

EL FABRICANTE DE VERMEERS
La increíble historia de Hans van Meegeren, el falsificador de Vermeers
http://amzn.to/2lxa3PC

EL GEN SEDUCTOR
Cómo usar a los genes para seducir más y mejor
http://amzn.to/2kO49FP

EL SÍNDROME DE ESTOCOLMO
La increíble historia del secuestro de Jorge Born que obtuvo el rescate
más alto de la historia moderna y que 23 años después se hicieron
amigos y socios-
http://amzn.to/2kC4pfH

ESCUELA DE SEDUCTORES
Ideas, humor y ejercicios para mejorar la inteligencia sexual
http://amzn.to/2mcSbXq

FREUD ENAMORADO
Sigmund Freud y sus mujeres
http://amzn.to/2jGHHQq

HITLER VS STALIN
El pacto Ribbentrop-Molotov
http://amzn.to/2jaRkXS

IMAGINE
Vida y canciones de John Lennon
http://amzn.to/2kjA71Y

JUAN MOREIRA
Mimodrama de circo criollo.
http://amzn.to/2iJcOhS

JUICIO A JESUS
El juicio exprés que cambió al mundo
http://amzn.to/2u6n3AE

JUNG ENAMORADO
Las mujeres de C.G.Jung
http://amzn.to/2kXuQIM

LA MONJA JUDÍA
Edith Stein: judía, atea, filósofa, feminista, católica, monja, mártir, santa y
co- patrona de Europa
http://amzn.to/2m1CLpv

LA PASION DE EVA PERON
El mito de Orfeo recreado por Juan Domingo Perón y su mujer Evita
http://amzn.to/2mcKhxd

LA PASIÓN SEGÚN GARDEL
Vida y canciones del inmortal Carlos Gardel
http://amzn.to/2kXyFO6

LOU ANDREA SALOMÉ
La musa de Nietzche, Rilke y Freud
http://amzn.to/2mcDnYS

LUCA VIVE. THE FUCKING MUSICAL
Vida y canciones de Luca Prodan
http://amzn.to/2lAhlgn

MACBETH EN SAN VICENTE
Crónica de un golpe de Estado en democracia
http://amzn.to/2lxkeUp

MARTIN FIERRO: EL MUSICAL
La obra de José Hernández convertida en comedia musical
http://amzn.to/2lYypmo

MÁS CHISTES VERDES, MÁS CORTOS Y MÁS PENE...TRANTES
Segundo volumen de los mejores chistes verdes de una sola frase para
practicar sexo oral en casa y ... verdes cortitos y al pie
http://amzn.to/2m1Tau0

MISCELANEA POETICA
Recopilación de piezas poéticas del autor
http://amzn.to/2lYyuGw

MI NAZI FAVORITO
El mito de Albert Speer, el nazi bueno.
http://amzn.to/2sUaDf2

NO, NO ME ARREPIENTO DE NADA
Vida y canciones de Edith Piaf
http://amzn.to/2kO9jS5

NORA EN AUSCHWITZ
La visita de la Cruz Roja al campo de concentración de Terezin en Junio de
1944
http://amzn.to/2mcIs3p

PADRE NAZI, HIJO JUDIO
La increíble historia del hijo de un héroe de guerra alemán que se
convirtió al judaísmo y emigró a Israel.
http://amzn.to/2nqQoTS

PENEDRAMA
Grupo de terapia para penes en pena
http://amzn.to/2lAlCpC

PERON&EVITA. Cartas de Amor:
La extraordinaria historia de María Eva Duarte de Perón
http://amzn.to/2mcZK0g

RAPSODIAS PORTEÑAS
Vivencias de un porteño del Siglo XXI
http://amzn.to/2lYywhE

SANDRO DE FUEGO
Vida y canciones de Sandro
http://amzn.to/2m1QQU5

SI,SEÑORA
Historia de la mucama que quería ser señora
http://amzn.to/2lxmXND

SOMOS TODOS CARTONEROS
Una historia de amor en la basura de Buenos Aires
http://amzn.to/2mcQNnF

TANGOS PROSTIBULARIOS
Tangos pornográficos para calentar la pava antes de tomarse el mate
http://amzn.to/2kXA8Ef

TANGUEDIAS PORTEÑAS
Tangos, valses y milongas de nuestro Buenos Aires querido
http://amzn.to/2lYJnZ5

TANGUITO EL MUSICAL
La trágica vida de Tanguito, uno de los fundadores del rock nacional

argentino
http://amzn.to/2lYQQHJ

TANTAS VECES ME MATARON
Vida y canciones de Mercedes Sosa. Nuestra Negra
http://amzn.to/2md3P4x

TERAPIA DE CLÍTORIS
Reflexiones y sugerencias de un grupo de terapia
http://amzn.to/2kXWIMR

TODOS VAN AL TABARIS
Casablanca en la Buenos Aires de Perón
http://amzn.to/2kY4o1K

YO ELVIS. CONDENADO AL ÉXITO
Vida y canciones de Elvis Presley
http://amzn.to/2kCJmK6

YO SOY GILDA
Vida y Canciones del Mito
http://amzn.to/2lxJYQo

YO, EL ANGEL AZUL
Vida y canciones de Marlene Dietrich
http://amzn.to/2m2ae3f

YO, EL POTRO
Vida y canciones de Rodrigo Bueno
http://amzn.to/2kXQI74

YO, PAVO REAL
Diversidad cultural en los negocios
http://amzn.to/2kXLjNi

YO, ESA MUJER
Enigmas y revelaciones de Eva Perón
http://amzn.to/2sE5ELb

MAS INFORMACION EN EL SITIO DEL AUTOR:

www.lazarodroznes.com